Zéro déchet : le guide ultime

Laura Bégot

TABLE DES MATIÈRES

À Elsa, Alice et Adam

INTRODUCTION

Début 2015, je ne faisais pas encore le zéro déchet. Et, à chaque fois que je jetais mon sac poubelle, je me disais :

"Mais comment j'en suis arrivée là ? Elle est déjà pleine ! Mais d'où viennent tous ces déchets ? "

J'étais admirative des personnes, comme Béa Johnson qui réussissent à n'avoir qu'un minuscule petit bocal de déchets au bout d'un an ! Oui, mais comment est-ce possible ? Et surtout, est-ce possible ?

J'ai voulu en avoir le cœur net, et j'ai décidée de tester ce mode de vie : le zéro déchet.

Quand j'ai commencé, il existait peu d'informations sur le sujet et les solutions pour y arriver étaient loin d'être évidentes.

Aujourd'hui, le zéro déchet s'est pas mal démocratisé. La conséquence est qu'on a "trop" d'informations sur le sujet et qu'on se sent un peu perdu face à ça, on ne sait plus trop par où commencer et comment faire.

J'ai donc décidé de clarifier tout ça pour vous. J'ai tout décortiqué pour pouvoir vous guider pas à pas, étape par étape dans cette tâche.

Si vous aussi vous vous dites qu'il y en a marre de voir tous ces déchets s'accumuler dans votre poubelle, alors ce guide est fait pour vous.

PARTIE 1 :
LES GRANDS PRINCIPES DU ZÉRO DÉCHET

On pense souvent à tort que le zéro déchet c'est compliqué, que c'est fait pour les gens qui ont du temps, et qu'en plus de ça, ça coûte cher. En réalité, le zéro déchet va vous demander un peu de temps supplémentaire, mais seulement au tout début de votre démarche. Il ne va pas non plus vous coûter plus cher, puisque vous allez désencombrer votre maison, prendre l'habitude d'acheter d'occasion, et acheter seulement ce dont vous avez besoin.

La première chose à connaître quand on débute le zéro déchet est la fameuse pyramide inversée, ou la règle des 5 R : refuse, reduce, reuse, recycle, rot. Ce sont les grands principes du zéro déchet. Respectez-les dans l'ordre.

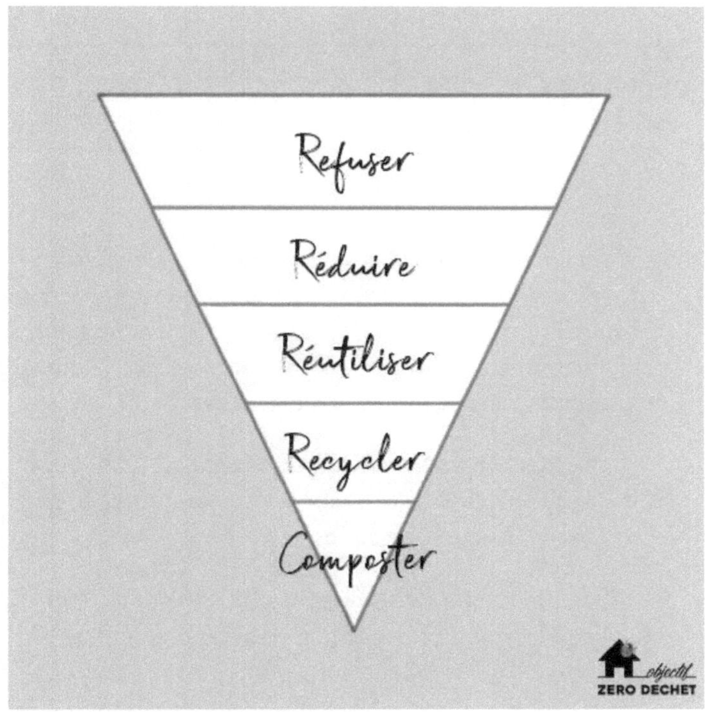

Principe zéro déchet 1 : Refuser ce dont nous n'avons pas besoin

Tous ces cadeaux gratuits dans les commerces que nous acceptons sous-prétexte que… C'est gratuit ! En réalité, non, rien n'est gratuit. Un objet a besoin de ressources pour exister.

Tous ces objets inutiles que nous acceptons parce qu'on nous les tend. Par exemple, refuser un emballage, un sac en plastique, etc. Refuser est primordial pour faire le zéro déchet et supprimera d'entrée de jeu de nombreux déchets de votre vie.

> Ressource complémentaire : Refuser l'emballage
> https://www.zerodechet-france.com/refuser-lemballage/

Cependant, nous avons une barrière sociale qui rend cette tâche difficile. Refuser ce que tout le monde accepte, refuser ce qui est "gratuit", refuser cette main tendue peut être perçue comme un affront, comme une marque d'antipathie, de bizarrerie, et même comme un acte asocial.

Refuser, c'est aussi réfléchir à chacun de nos achats. En effet, à chaque fois que j'achète ou que j'accepte quelque chose, je me pose ces questions :

"Que va devenir l'emballage une fois le produit fini ? Que va devenir le produit lorsque je n'en aurai plus l'utilité ?"

Pensez que : "Acheter, c'est voter". À chacun de vos achats, vous décidez soit de voter pour untel, soit pour untel. Si vous achetez cette petite babiole en plastique, c'est comme si vous disiez : j'adore ce truc, j'en veux encore plus... C'est l'offre et la demande.

Principe zéro déchet 2 : Réduire ce dont nous avons besoin

Il s'agit de simplifier sa vie en supprimant le superflu. Cela passe par la réévaluation de notre consommation passée et par la réduction de nos achats futurs. C'est une grande phase de réflexion qui demande un travail important sur soi.

Le livre "La magie du rangement" de Marie Kondo, m'a aidé à cette étape. Ainsi, que la méthode du boogie des 27 objets qui est décrite dans le livre "Entretiens avec mon évier" de Marla Cilley.

Principe zéro déchet 3 : Réutiliser ce que nous avons déjà

Avant d'acheter quoi que ce soit, il est important de vérifier qu'on n'a pas déjà un objet qui peut servir à faire la même chose.

Cette règle implique que l'on remplace les produits à usage unique contre des produits réutilisables. Par exemple, des bocaux en verre pour faire ses courses en vrac, des sacs en tissu plutôt que des sacs jetables, etc.

Réutiliser, ça veut aussi dire acheter d'occasion plutôt que neuf. Il y a de plus en plus de commerces qui proposent des produits de seconde main.

Réutiliser signifie aussi que l'on prolonge la durée de vie des objets et ainsi que l'on réduit drastiquement le bilan carbone de l'objet.

Le bilan carbone permet de mesurer l'impact de tout produit, service ou entité humaine en gaz à effet de serre. Il est obtenu en convertissant tous les processus physiques dont dépendent une activité, en émissions de CO_2.

Principe zéro déchet 4 : Recycler ce que nous ne pouvons ni refuser, ni réduire et ni réutiliser

Lorsqu'on arrive à cette étape, normalement, nous avons déjà réduit un bon nombre de déchets. Cependant, pour ceux qui n'ont pas pu être refusés, réduits, réutilisés, ils doivent être recyclés.

Le recyclage n'est vraiment pas une bonne solution puisqu'il consomme beaucoup d'énergie et qu'il y a énormément d'erreurs de tri. Le tri est souvent compliqué. Ça engendre des coûts supplémentaires, etc. Cependant, ça reste une solution préférable au fait de jeter complètement.

Principe zéro déchet 5 : Composter le reste

Lorsque vous avez bien suivi les étapes précédentes, vous pouvez finir par composter les déchets qu'il vous reste. Pour cela, installez un composteur, lombricomposteur ou un composteur de quartier. Renseignez-vous auprès de votre commune ou communauté de communes, certaines en proposent à bas prix ou même en offrent !

PARTIE 2

PRATIQUER LE ZÉRO DÉCHET, ÉTAPE PAR ÉTAPE

Quand on débute dans le zéro déchet, il n'est pas toujours simple de savoir par quoi commencer tellement la tâche est immense ! Je vous propose de suivre ces 8 étapes pour vous aider dans cette tâche.

#1 : Composter

Le compostage a été le deuxième "acte" zéro déchet de ma vie. Le premier étant le passage aux couches lavables. Et, ça a significativement réduit la taille de ma poubelle. L'ensemble des déchets alimentaires ont d'un seul coup disparu…

> Ressource complémentaire : Couches lavables, le test
> https://www.zerodechet-france.com/couches-lavables-le-test/

Au départ, j'avais tout simplement déposé mes déchets à même le sol dans mon jardin. Sauf que ce n'était vraiment pas esthétique et ça risquait d'attirer toutes sortes d'animaux sauvages.

Nous avons donc contacté notre communauté de communes qui nous a fourni un composteur à un prix intéressant.

Une fois en place, notre poubelle a été réduite de 30 %.

#2 : Autopsier sa poubelle

Une fois que votre poubelle a pris un sacré coup avec la mise en place de votre composteur, il est temps d'analyser les déchets qui continuent de la peupler.

> Comment faire l'autopsie de votre poubelle ?

* Attendez qu'elle soit pleine et videz-la entièrement sur le sol
* Notez sur un carnet tout ce qu'elle contient
* En face de chaque objet, notez une solution alternative et zéro déchet
* Pour les objets dont vous ne trouvez pas de solutions, laissez un vide. Vous trouverez des solutions au fur et à mesure.
* Lorsque vous êtes bien avancé dans votre démarche, faites de même pour vos poubelles de tri

Autopsier votre poubelle va être votre point de départ, et sera un repère pour mesurer votre avancement. Cette manœuvre vous permettra de rester motiver, de voir vos progrès, de pouvoir avancer à votre rythme et de visualiser le chemin qu'il vous reste à parcourir.

> Adapter le zéro déchet à votre vie

En fonction de notre vie, de notre temps, de notre argent et de notre motivation, nous sommes plus ou moins prêts à trouver telle ou telle solution, à investir plus ou moins de temps.

Ce qui va fonctionner pour quelqu'un ne va pas forcément fonctionner pour une autre personne. C'est pour cela qu'il faut tester par vous-même, afin de trouver ce qui vous correspond à vous ! Et ce guide est là pour vous aider dans cette tâche. C'est à cette étape que certaines personnes se découragent faute de solutions trouvées. En fait, elles se disent :

"C'est bien beau le zéro déchet, mais ça ne marche pas !"

Alors elles abandonnent, et c'est bien dommage, car la liste des solutions est infinie. La seule limite est la barrière psychologique que vous vous fixez.

De plus, il est important de comprendre que nous sommes des êtres imparfaits et que nos erreurs ou nos "rechutes" ne doivent pas nous empêcher de nous relever et de réessayer jusqu'à y arriver. Car, oui, il y aura des chutes et des rechutes, le passage au zéro déchet est une voie semée d'embûches mais tellement enrichissante !

#3 : Faire ses courses en vrac

Lorsque vous avez autopsié votre poubelle, vous avez sans doute pris conscience qu'une majorité des déchets sont des emballages alimentaires en plastique. Les courses en vrac sont indispensables pour réduire encore la taille de cette satanée poubelle.

> Les commerces de vrac

Sur ce point, nous ne sommes pas tous égaux. Nous n'avons pas tous accès au vrac facilement. Nous n'avons pas tous, le temps d'aller faire nos courses au marché, etc. Malgré tout, les choses sont en train de changer puisque l'engouement pour le vrac est tel que l'offre est en train d'exploser ! Ce qui rend également le prix du vrac de plus en plus abordable.

La première chose à faire est d'identifier les lieux où il est possible d'acheter en vrac. Quand j'ai commencé, je n'avais à ma disposition qu'un petit magasin bio qui proposait un peu de vrac. Je devais donc compléter en faisant plusieurs commerces. Une épicerie fine pour le café et le thé, une boucherie pour la viande et le jambon, une boulangerie pour la farine et le pain et une grande surface pour le reste.

Ressource complémentaire :
- ❖ Comment faire ses courses zéro déchet
  https://www.zerodechet-france.com/courses-zero-dechet/
- ❖ Mes courses en vrac
  https://www.zerodechet-france.com/mes-courses-en-vrac/

Depuis quelques mois, il y a une Biocoop qui a ouvert dans ma ville et j'avoue que ça simplifie grandement mes courses.

> Comment faire ses courses en vrac ?

Pour faire ses courses en vrac, vous pouvez soit utiliser les sacs en papier du magasin et les réutiliser d'une fois sur l'autre. Soit, acheter des petits sacs en tissu, on en trouve souvent sur place. Sinon, la meilleure solution est de confectionner vous-même vos petits sacs. Je vous conseille d'utiliser des tissus légers pour ne pas payer votre sac lors de la pesée !

Le deuxième objet incontournable pour faire ses courses en vrac est le bocal en verre. Si vous avez des boîtes hermétiques en plastique, vous êtes libre de les utiliser. Personnellement, j'ai fait le choix de me débarrasser des miennes à cause de l'impact que peut avoir ce plastique sur la santé.

Le verre présente de nombreux avantages :

❖ il est sans danger pour la santé,
❖ recyclable à l'infini,
❖ et durable

Je vous conseille tout d'abord de vous resservir de bocaux que vous achetez en supermarché. Il sont gratuits et cela permet de prolonger leur durée de vie. Ensuite, il est possible de trouver très facilement d'occasion des bocaux Le Parfait. Vous en trouverez sur Leboncoin, dans des brocantes, et dans certains commerces.

> Ressource complémentaire : Comment acheter en vrac en
> épicerie bio ?
> https://www.zerodechet-france.com/acheter-en-vrac-epic
> erie-bio/

#4 : Réfléchir à sa consommation

Le zéro déchet est une démarche globale qui nous
emmène bien souvent à nous poser de nombreuses questions
qui vont au-delà des déchets.

> Consommer bio, local et de saison

Il est essentiel de comprendre que ce n'est pas parce
qu'un déchet n'est pas visible qu'il n'existe pas. Acheter bio,
c'est préserver sa santé d'une part, mais aussi
l'environnement. Consommer local et de saison permet de
limiter le transport, donc les coûts, la pollution et préserve
aussi la saveur des fruits et légumes. Sans oublier que dans le
cas des produits qui viennent de loin, ils sont transportés
dans des camions réfrigérés. En plus de cela, ça permet de
soutenir les circuits courts et les petits producteurs.

> Réduire sa consommation de viande

C'est un passage obligé lorsqu'on avance dans le zéro
déchet. D'une part, manger de la viande tous les jours est très
mauvais pour la santé et d'autre part contribue à détruire
l'environnement, à cause des gaz à effets de serre que cela
engendre et du pourcentage de terre qui sont nécessaires
pour nourrir les animaux d'élevage. Et je ne parle même pas
de la surexploitation des animaux, leur maltraitance, le fait
qu'ils ne voient jamais le jour pour certains…

Ressource complémentaire : Faut-il manger de la viande ?
https://www.zerodechet-france.com/faut-il-manger-de-la-viande/

Si vous avez l'habitude de manger quotidiennement de la viande, je vous propose de réaliser un défi qui vous permettra d'apprendre à réduire votre consommation de viande. Pendant 30 jours, testez le régime végétarien, et si vous êtes très motivé, testez le régime végétalien. Vous verrez que vous découvrirez de nouvelles saveurs, de nouvelles façons de cuisiner. Après ce défi, si vous n'avez pas envie d'adopter ce régime pour toujours vous aurez au moins appris à réduire votre consommation de viande !

> Acheter d'occasion

Prenez l'habitude de faire le tour des boutiques d'occasion avant d'acheter quoi que ce soit. Vous vous rendrez compte que ce que vous achetiez avant, neuf, se trouve très souvent également sur le marché de l'occasion. Ça permet de prolonger la durée de vie des objets et de payer beaucoup moins cher pour la même chose.

Les bonnes adresses pour acheter d'occasion sont :

- ❖ Leboncoin
- ❖ Vinted
- ❖ les groupes facebook
- ❖ AMMAREAL
- ❖ Easycash
- ❖ Backmarket

- ❖ Izidore
- ❖ les brocantes
- ❖ Les foires aux puces
- ❖ …

> Les fausses bonnes idées

Certaines solutions peuvent être bien à première vue et finalement en creusant, on se rend compte qu'elles engendrent un bilan carbone catastrophique. Le sac plastique à usage unique est remplacé par un autre sac à usage unique qui vient de loin. Le sac neuf en coton… Il est préférable de le confectionner soi-même, car il demande énormément de ressources.

#5 : Simplifier son quotidien

> Cuisiner

Forcément, faire le zéro déchet demande de passer un peu plus de temps à cuisiner. En semaine, on n'a pas toujours le temps quand on travaille à l'extérieur, qu'on doit récupérer les enfants à l'école et préparer le repas en vitesse. C'est pourquoi, il est important de partir sur des choses simples. Je vous conseille de prévoir vos menus pour la semaine, avant de faire vos courses. Ainsi, vous pourrez mieux vous organiser en cuisinant de plus grandes quantités d'un coup. Sinon, il existe une méthode qui s'appelle le batch cooking et qui consiste à cuisiner pendant 2 heures le dimanche et pour toute la semaine.

> Désencombrer sa maison

Règles générales

Une méthode que j'ai utilisée pour pas mal d'objets a été de les isoler dans une pièce et quand, au bout de 6 mois, je voyais que je n'en avais pas eu l'utilité, je les supprimais.

Concernant les objets cassés, réparez-les ou faites-les réparer quand cela est possible. Certaines associations récupèrent les objets cassés, les réparent et les revendent. Renseignez-vous près de chez vous ! S'ils ne sont pas réparables, envoyez-les au recyclage. Sinon, jetez-les lorsque vous avez épuisé toutes les autres options.

Par la suite, ayez le réflexe *"un qui rentre, un qui sort"*, au risque sinon de vous retrouver à nouveau encombré d'affaires !

La cuisine

Je vous conseille de commencer par votre cuisine. Le fait d'avoir une cuisine désencombrée vous fera gagner tout de suite du temps. Posez-vous ces questions pour chaque objet :

"L'ai-je déjà ? Ai-je un autre objet qui sert à faire la même chose ? Ai-je besoin de toutes ces casseroles ? Depuis combien de temps n'ai-je pas utilisé cet objet ?"

Les vêtements

Une fois que cela est fait, passez aux vêtements. C'est une étape assez compliquée car ce n'est pas simple de trouver le juste-milieu. Vous pouvez d'abord vous débarrasser des vêtements que vous n'avez pas porté depuis plus d'un an et ceux qui sont trop petits ou trop grands. Donnez-les, vendez-les ou envoyez-les dans un conteneur de la fibre du tri.

Le numérique

Quand on parle de désencombrement, n'oublions pas aussi de réduire notre empreinte numérique. Pour cela, ayez le réflexe de supprimer régulièrement vos mails et de vous désinscrire des newsletters qui vous encombrent.

> Ressource complémentaire : Comment produire zéro déchet numérique
> https://www.zerodechet-france.com/lutter-contre-polluti
> on-numerique/

#6 : Fabriquer soi-même ce que l'on ne trouve pas en vrac

Pour certains produits que l'on ne trouve pas en vrac, il peut être intéressant de les fabriquer soi-même. Vous trouverez sur le blog de nombreuses recettes zéro déchet et diy pour vous aider.

> Ressource complémentaire : Recette et diy
> https://www.zerodechet-france.com/tag/recette-et-diy/

#7 : Trouver sa routine zéro déchet

Souvent, quand on commence le zéro déchet, on est très motivé alors on se met à faire plein de choses soi-même. Sauf qu'au bout de quelques semaines, on se rend compte qu'on est épuisé et que ça nous prend énormément de temps. C'est pourquoi, il est important de ne pas se focaliser sur le "tout maison". Il y a certains produits effectivement facile à faire, mais que l'on trouve aussi en vrac. Il faut trouver le juste-milieu.

#8 : Soutenir le mouvement zéro déchet

> Les associations

Pour participer encore plus au mouvement zéro déchet, vous pouvez adhérer à une association zéro déchet. Soit en payant une cotisation, qui permettra de donner du poids à l'association, soit en devenant bénévole.

Ressource complémentaire : Trouver une association zéro déchet près de chez vous
https://www.zerowastefrance.org/lassociation/groupes-locaux/

> Sensibiliser les autres

Et bien sûr, parlez du zéro déchet autour de vous. Expliquez à votre entourage que ce n'est pas très compliqué, et même que c'est amusant !

PARTIE 3 :
Les solutions existantes pour traiter les déchets

Pour aller plus loin dans la démarche du zéro déchet, il est important de comprendre à quel point le zéro déchet est primordial pour lutter contre un grand nombre de pollution. Cette partie vous permettra de comprendre tous les enjeux du zéro déchet, et de trouver les bons arguments pour sensibiliser votre entourage.

#1 : L'incinération ou l'enfouissement

Le zéro déchet est avant toute chose, une réflexion que l'on a face aux déchets que l'on engendre. Tout d'abord, posez-vous cette question :

"Que deviennent mes déchets lorsque je les mets dans ma poubelle en bas de chez moi ?"

Lorsqu'on s'interroge sur cette simple question, on se rend compte des problèmes qui en découlent. Ce n'est pas parce que nos déchets disparaissent de notre vue qu'ils n'existent plus nulle part.

En effet, tous ces déchets que nous déposons dans notre poubelle classique sont soit brûlés, soit enfouis. Malgré les filtres et les protections qui existent, tout ça pollue énormément l'air, l'eau et le sol, en produisant du méthane et du jus de déchets. BEURK !

#2 : Le recyclage

Lorsque nous faisons le tri, une partie de nos déchets sera recyclée. Alors, on pourrait se dire :

"Ben, c'est bon ! C'est ça la solution ! Il suffit d'emballer tous nos produits dans des emballages recyclables et... POUF... Plus de déchets !"

Sauf qu'en réalité, le recyclage n'est pas une solution et ne doit être utilisé qu'en dernier recours, quand toutes les autres options ont été utilisées.

- En fait, le recyclage demande beaucoup d'énergie
- Le recyclage coûte cher
- Le plastique ne se recycle qu'une fois et donne ensuite un produit de mauvaise qualité que l'on va devoir brûler ou enfouir
- Nous trions mal
- Les consignes de tri sont différentes selon les communes
- Tout ce qui est petit même recyclable, n'est pas recyclé
- Inciter au recyclage, c'est inciter à fabriquer toujours plus d'emballages

#3 : La station d'épuration

À votre avis ? Que deviennent tous les polluants présents dans notre lessive, dans nos produits d'entretien lorsqu'ils sont déversés dans nos canalisations ?

Et bien, tous ces déchets que nous retrouvons dans nos eaux sales sont traitées à la station d'épuration. Son rôle est de purifier toute cette eau avant de la rejeter dans la nature. La station d'épuration récupère énormément d'objets solides qui seront ensuite brûlés. Elle utilise aussi des bactéries pour manger tous les polluants présents, ainsi que des filtres.

Malgré tout ça, et malgré qu'effectivement ce système est relativement efficace, il ne l'est pas à 100 %. De nombreux polluants se retrouvent tout de même dans le cycle de l'eau.

C'est pourquoi, il est primordial de bien se poser les bonnes questions avant d'acheter, afin de choisir des produits non-polluants.

#4 : Le ramassage à la main

Nous voyons tous quotidiennement des déchets traîner à même le sol que ce soit dans la rue, à la plage, à la campagne… Soit, parce qu'ils ont été jetés là volontairement, soit, accidentellement. Un sac en plastique s'envole très facilement… Et tous ces mégots de cigarettes jetés à même le sol… Non, ils ne sont pas biodégradables, et dégagent énormément de polluants.

Le gros problème du déchet plastique, est qu'il se décompose en de minuscules fragments et qu'il finit par détruire notre écosystème marin.

C'est pour cela que les communes et des associations font du ramassage de déchets à la main.

En conséquence, chaque solution pour traiter nos déchets engendre de la pollution. Pollution de l'air et de l'eau. Sans compter, la pollution liée à la fabrication des produits (extraction du pétrole, transformation, transport…).

LES CONSÉQUENCES DU ZÉRO DÉCHET SUR NOTRE VIE…

Le zéro déchet a des conséquences sur notre vie qui vont bien au-delà des déchets. On découvre qu'une autre façon de vivre est possible, qu'il suffit pour cela, de sortir du rang. Alors, oui, sortir du rang peut faire peur ! Peur de passer pour une personne marginale ! Oui. Pratiquer le zéro déchet, c'est effectivement être en marge de la société. Mais n'est-ce pas là, la seule façon de sauver notre futur ?

> Pour aller plus loin…

❖ Mal de terre d'Hubert Reeves. Ce livre est celui qui m'a le plus interpellé ! Il s'appuie sur de vrais chiffres qui font très peur, mais c'est un mal nécessaire. Tout le monde devrait l'avoir lu au moins une fois dans sa vie.

❖ Le film Demain. Ce film-documentaire donne des solutions concrètes, il montre qu'une autre agriculture est possible.

❖ Il y a également les livres de la famille presque zéro déchet : Famille zéro déchet, ze guide et Ze Journal de la Famille (presque) zéro déchet qui expliquent avec des dessins faciles à comprendre, les problèmes visibles et invisibles de nos déchets.

À PROPOS DE L'AUTEUR

Laura Bégot, mariée et mère de 3 enfants, est originaire du Finistère en Bretagne.
Elle est l'auteure du blog "Objectif zéro déchet" :
https://www.zerodechet-france.com/
Ce blog est destiné aux personnes qui souhaitent se lancer dans le zéro déchet et changer leurs habitudes.

9 798647 678096